Für Elfi, Arno und Evgeni

CIP-Kurztitelaufnahme der Deutschen Bibliothek
Groß, Karlheinz:
Billy Backenzahn: Geschichten vom großen Wachhund, der immer lachte / aufgeschrieben u. gezeichnet von Karlheinz Groß. – Stuttgart: Thienemann, 1985
ISBN 3 522 16070 3

Gesamtausstattung Karlheinz Groß
in Bietigheim-Bissingen
Schrift Times Antiqua
Satz Wilhelm Röck in Weinsberg
Offsetreproduktionen Reisacher Repro in Stuttgart
und Repro GmbH in Kornwestheim
Druck Offsetdruckerei Gutmann + Co. in Heilbronn
Bindung Wilhelm Röck in Weinsberg
© 1985 by K. Thienemanns Verlag in Stuttgart
Printed in Germany. Alle Rechte vorbehalten.
5 4 3 2 1

Inhalt

1. Der Lachhund 5
2. Hundeschule 9
3. Die Zwillinge 13
4. Waschtag 17
5. Christoph 21
6. Negerküsse 27
7. Am Baggersee 31
8. Patienten 37
9. Besuch zum Abendessen 41
10. Die Fahrradtour 45

11. Die Kletterpflanze 49
12. Die Schiffermütze 55
13. Vier Forellen 59
14. Die Verwechslung 65
15. Bunter Hund 69
16. Fastentag 73
17. Im Wassergraben 77
18. Das Geburtstagsgeschenk 81
19. Nächtliche Störung 85
20. Es hat geschneit 91

1. Der Lachhund

In einem kleinen Tal unter schönen alten Bäumen steht ein Haus fast ganz aus Holz. Da wohnen mein Herrchen Kalle, mein Frauchen Elfi und ich. Ich heiße Billy Backenzahn und bin ein ziemlich großer, schwarzer Wachhund – ein Riesenschnauzer. Mein Herrchen ist recht dick und hat selten Lust, Gartenarbeit zu machen. So haben wir um unser Haus eine Wiese mit bunten Blumen, Büschen und hohem Gras, in dem man sich verstecken kann.

Ich finde die Wiese spitze, man kann sich auch herrlich darin herumwälzen, Mäuse jagen und Knochen verbuddeln. Herrchen sieht nämlich im hohen Gras die Löcher nicht und ist nicht sauer.

Aber eines Tages war er es doch. „Elfriede", sagte er zu Frauchen, das sagt er immer, wenn er aufgeregt ist. „Unser Hund lacht! Ein Wachhund, der lacht! Wo gibt's denn sowas! Vor so einem Wachhund hat ja kein Mensch Angst. Wenn jemand ans Gartentor kommt und Billy rennt hin und lacht anstatt zu bellen, dann lachen die Leute auch und fürchten sich nicht vor ihm!"

Dabei bin ich einfach nur stolz auf meine schönen großen weißen Zähne und möchte sie allen zeigen.

Als nämlich eines Tages Kinder vor dem Haus Ball spielten, bin ich zum Zaun gerannt und habe meine Zähne gezeigt.
Dabei habe ich immer mein Maul auf und zu geklappt und die Lippen hochgezogen. Ein bißchen habe ich natürlich zwischendurch auch gebellt. „Der lacht ja", haben die Kinder gerufen. „Guckt mal, ein Wachhund, der lacht! Mann, ist der lustig! Kommt, der kriegt von uns was zu fressen!"

Und sie haben mir tatsächlich ein Stück altes Brot über den Zaun gereicht. Das fand ich prima.
Zu mir sind jetzt alle Leute sehr nett und nennen mich den großen schwarzen Hund, der immer lacht.
Nur Herrchen mufft ganz schön und knurrt mich manchmal an: „Du bist mir ein schöner Wachhund, Billy Backenzahn – ein Lachhund bist du!"

2. Hundeschule

Heute bin ich zum ersten Mal in die Schule gegangen, und das kam so:

Herrchen ruft mich zu sich und sagt mit bedeutungsvoller Miene: „Billy Backenzahn, ab jetzt gehst du in die Hundeschule!" „Au Backe", denke ich, „ich möchte viel lieber spielen, lachen und Quatsch machen als in eine doofe Hundeschule gehen."

Viel früher als sonst nimmt Herrchen Halsband und Leine vom Haken, fährt das Auto aus der Garage und los geht's in Richtung Hundeschule. Das ist vielleicht eine tolle Sache! Lauter Schnauzer – große, mittlere und kleine Zwergschnauzer. Alle mit Herrchen oder Frauchen. Die sind aufgeregter als wir Hunde! Natürlich bellen einige von uns, aber mehr zur Freude und um den anderen zu imponieren. Und dann fängt es an.

Ein dicker Mann (noch dicker als Herrchen) stellt sich in der Mitte der Wiese auf und ruft: „Nun wollen wir mal das richtige Laufen an der Leine lernen!"

Wir müssen mit den Herrchen geradeaus und im Kreis laufen, Zickzack und Schlangenlinien.
Das ist vielleicht doof, als ob ich auf dem Bürgersteig Schlangenlinien laufen würde. Das tut höchstens Herrchen, wenn er zuviel Bier oder Wein getrunken hat.

Dann müssen wir über einen kleinen Zaun springen. Immer mit Herrchen. Der kommt ganz schön ins Schwitzen, und nach Luft schnappen muß der!
Als wir dann noch im Kreis rumrennen sollen, fragt er schon nach zwei Runden, ob er nicht mal Pause machen könne, er müsse mal.
Was bloß 'ne faule Ausrede ist, er ist nämlich müde und hat genug vom Rumrennen. Mir ist das recht, so kann ich gemütlich an den Bäumen

und Büschen herumschnüffeln. Das ist viel aufregender als an der Leine im Kreis herumzugehen. Auf der Heimfahrt meint Herrchen: „Billy, hast du gemerkt, wie sportlich wir beide sind?"
Da muß ich aber ein klein bißchen lachen.

3. Die Zwillinge

Heute war ein lustiger Nachmittag.
Herrchen kommt vom Einkaufen zurück und schleppt Tüten, Taschen, Kartons mit Hähnchen und Würstchen, Kisten mit Bier und Sprudel und einen tollen roten Ball mit weißen Punkten. „Elfi", sagt er, „heute kommen die Zwillinge. Bei dem schönen Wetter wollen wir ein Grillfest machen."
Die Zwillinge, das sind Annette und Constanze. Sie sind mit Herrchen und Frauchen befreundet, aber ganz besonders mögen sie mich. So gegen fünf Uhr, Herrchen qualmt mit seinem Grill die Gegend voll, kommen die beiden „klingeling, klingeling" mit ihren schicken Fahrrädern angesaust – Annette hat ein rotes, Constanze ein blaues.
Vor lauter Wiedersehensfreude müssen wir alle

drei ganz kräftig lachen und rennen über die Wiese. „Mensch, Kalle", ruft Annette, „hast du einen schönen neuen Ball! Komm, Billy Backenzahn, wir spielen Fußball!" Damit meint sie mich. „Erst muß der Tisch gedeckt werden", brummelt Herrchen, „dann wollen wir gemütlich essen und hinterher können wir zur Verdauung etwas tun."

Die Zwillinge decken also den Tisch. Frauchen bringt Limo und Bier, und Herrchen brutzelt

inzwischen Würstchen und Hähnchenkeulchen. Da läuft mir das Wasser im Maul zusammen. Wie die alle futtern können, und ich muß zugukken. Das ist eine Gemeinheit! „Kriegt Billy auch eine Wurst?" fragt Constanze. „Nein", Hunde sollen am Tisch nichts kriegen", belehrt sie Herrchen. „Und Hühnerknochen soll man Hunden überhaupt nicht geben."
Dann ist endlich das Essen vorbei. „Jetzt spielen wir Fußball, ja, Kalle?" fragt Annette. „Ach, spielt ihr mal alleine, ich habe zuviel gegessen", antwortet Herrchen und legt sich in die Hängematte. Die Zwillinge und ich spielen dafür um so wilder.
Plötzlich . . . peng . . . pffffft! Der Ball wird klein und kleiner. Ein Loch ist drin. Ich hab wohl zu doll zugebissen mit meinem großen Eckzahn. „Der schöne neue Ball", jammert Herrchen.
„Du hättest Billy etwas zum Fressen geben sollen, dann hätte er nicht so fest zugebissen", rufen die Zwillinge. Herrchen guckt ganz schön dumm.

Wir drei müssen über sein Gesicht so lachen, daß er davon angesteckt wird und nicht mehr böse ist.

4. Waschtag

Heute ist Herrchen ganz schön böse auf mich, und das kam so:
Die Sonne scheint, ich liege auf unserer Wiese und döse so vor mich hin. Da höre ich plötzlich: „Billy Backenzahn!" Herrchen in Badehose mit der Shampooflasche in der einen und dem Gartenschlauch in der anderen Hand kommt auf mich zu. Oh Schreck, der will mich duschen! Das habe ich gar nicht gerne. Dieses Abseifen und Abspritzen finde ich gräßlich.
Aber mein Stummelschwanzeinklemmen nützt nichts. Er seift und spritzt und erzählt etwas von einem schönen, sauberen Hund.
Endlich läßt Herrchen mich los und ich darf von der Dusche wegrennen, mich schütteln, drehen, prusten und mich zum Trocknen im Gras wälzen. Nach einer Stunde bin ich trocken, aber ich

rieche so komisch nach Shampoo, das gefällt mir überhaupt nicht.
Nun werde ich gebürstet und gekämmt. Und Herrchen redet weiter von einem schönen, sauberen Hund, mit dem er nun endlich wieder unter die Leute gehen kann.

Herrchen holt Halsband und Leine – wir gehen spazieren. Hinter unserem Haus sind viele Wiesen mit Kühen und Pferden, auch Schafe sind ab und zu mal da.

Über eine dieser Wiesen laufen wir und was rieche ich da? – Einen Kuhfladen! Ach, riecht der gut! Viel besser als das blöde Shampoo.

Und schwupps, schon wälze und räkle ich mich genüßlich im Kuhfladen. Der Schrei, den mein Herrchen da ausstößt, läßt den schwerhörigsten Riesenschnauzer aufschrecken.
Ich bin sofort wieder auf den Beinen und schüttle mich, wie's meine Art ist. Aber schon geht's wieder los: „Billy Backenzahn, du Schwein!

Nicht genug, daß du voller Kuhmist bist, jetzt bespritzt du mich auch noch damit, du Ferkel! Wir gehen sofort nach Hause!" Schade, dabei hatte der Spaziergang doch kaum angefangen.

Zu Hause muß mich Frauchen dann nochmal mit dem Gartenschlauch abspritzen und wieder abseifen.

Während Herrchen schimpft: „Elfriede, wir haben keinen Hund, sondern ein Schwein!" und in der Dusche verschwindet. Ich glaube, wenn ich heute abend vorsichtig ein bißchen lache, ist alles wieder gut.

5. Christoph

Heute habe ich einen Freund gewonnen, und das kam so:

Herrchen hat Bürste und Kamm geholt und angefangen, mich zu striegeln. „Billy Backenzahn, du sollst ein schöner Hund sein, wenn wir Christoph und seine Eltern besuchen." Als ob ich nicht auch ohne Bürsten und Kämmen der schönste Riesenschnauzer weit und breit wäre!

Nach einer Viertelstunde ist er fertig.

Frauchen holt den von ihr gebackenen Napfkuchen aus der Speisekammer, Herrchen nimmt Leine und Halsband vom Haken.

„Daß du auch brav zu Christoph bist", ermahnt er mich, „du weißt, er hat ein bißchen Angst vor Hunden."

Wir fahren mit dem Auto, weil die Familie Steidle in der Nachbarschaft wohnt, in Kleinsachsenhausen. Nach 15 km Fahrt halten wir vor Familie Steidles Haus. Christoph kommt angerannt, doch als er mich sieht, bleibt er ängstlich stehen. Warum eigentlich? Nur weil ich ein schwarzer Wachhund bin, der immer gerne ein bißchen lacht? Oder weil ich fast so groß wie er bin?

„Hallo, da seid ihr ja. Kommt rein, der Kaffee ist gleich fertig", begrüßt uns Herr Steidle und sagt zu seinem Sohn: „Christoph, spiel doch ein

wenig mit Billy Fußball. Paßt aber auf, daß der Ball nicht in Nachbars Garten fällt. Du weißt, der alte Herr Haueisen mag das nicht."
Herrchen und Frauchen gehen mit Herrn Steidle ins Haus, während Christoph seinen neuen Ball mit den gelben Streifen holt.
Vorsichtig rollt er ihn zu mir. Ich schnappe ihn mit dem Maul und lege ihn Christoph vor die Füße.
Nun ist er schon etwas mutiger und stößt den

Ball kräftiger an. Ich bringe ihn wieder zurück. Christoph wirft ihn in Richtung Haus.
Ich renne hinterher und erwische den Ball im Flug. Christoph wirft den Ball doller zum Zaun an der Straße. Ich hole ihn. Unser Spiel wird immer wilder und lustiger.
„Billy, Achtung, nun kommt ein ganz weiter Wurf!" Christoph holt aus und – patsch – der schöne Ball fliegt über die Hecke und landet genau auf Herrn Haueisens Glatze.

„Verdammter Lauselümmel, wie oft habe ich dir schon gesagt, daß du beim Ballspielen vorsichtiger sein sollst!" Herr Haueisen droht wütend mit der Faust über die Hecke.
Schnell zwänge ich mich durch das Gebüsch, schnappe den Ball, bevor Herr Haueisen sich danach bücken kann, und dann nichts wie zurück in Steidles Garten.

Christoph ist sehr froh und glücklich, als ich ihm seinen schönen Ball wieder vor die Füße lege.

Und als er mich zum Dank sogar vorsichtig streichelt, muß ich schon wieder ein bißchen lachen.
Ich glaube, jetzt hat Christoph keine Angst mehr vor mir und wir können öfter miteinander Ball spielen.

6. Negerküsse

Heute darf ich bei Herrchen im Auto mitfahren. Frauchen hat keine Zeit und sagt: „Kalle, fahr doch mal zum Schlachter Peschke und kauf ein Pfund Hackfleisch, und zum Milchmann Grimmsel und bring Butter und Quark mit!"
Wir fahren also los. Zuerst zum Schlachter Peschke. Da darf ich nie mit rein, obwohl Meister Peschke mein bester Freund ist. Er gibt Herrchen immer Kalbsknochen und Wurstreste für mich mit.
Nach langweiligen zehn Minuten auf der Rückbank im Auto kommt Herrchen mit zwei dicken Tragetüten zurück. Wie die duften . . . köstlich . . . himmlisch . . . verführerisch!
Mir läuft das Wasser im Maul zusammen. Eine der prallgefüllten Tüten ist für mich, das weiß ich, das riech ich! „Pfui, Billy Backenzahn!"

schnauzt Herrchen mich an, als ich nur ein wenig daran schnuppere. „Im Auto darfst du nichts fressen, du verschmierst ja alle Polster! Also laß das gefälligst!"

Dann fahren wir los zum dünnen Milchmann Grimmsel und seiner dicken Frau Else. Hier darf ich auch nicht rein. Aber aus diesem Geschäft riecht es auch lange nicht so aufregend wie aus dem Fleischerladen.
Wieder bringt Herrchen eine gefüllte Trageta-

sche mit und . . . zwei Mohrenköpfe. Mein Hunger wird immer größer.
Einen Mohrenkopf stellt Herrchen vorsichtig ab, den anderen ißt er schnell und heimlich auf. Frauchen hat ihm nämlich Süßigkeiten verboten, weil er schon dick genug ist.

„Nun will ich mir noch eine Sportzeitung an Oma Krämers Zeitungsbude kaufen", meint Herrchen und fährt los.

Einmal rechts um die Ecke, dann gleich wieder links und schon sind wir da.

Er steigt aus und – da ich auch gerne Mohrenköpfe esse, obwohl Frauchen es mir verboten hat, weil es für Hunde nicht gesund ist – schnapp... schwupp... und weg ist der zweite Mohrenkopf.

Herrchen kommt zurück, will seinen zweiten Mohrenkopf auch schnell und heimlich verdrücken, doch der ist nicht mehr da. „Komisch", brummt er gedankenverloren, „ich dachte, ich hätte vorhin nur einen gegessen. Da werde ich wohl schon beide vertilgt haben", und gibt Gas.

Ich hab auch gar nicht gelacht, nur ganz unschuldig zum Fenster hinausgeschaut und von der gefüllten Tragetasche von Fleischermeister Peschke geträumt.

7. Am Baggersee

Heute habe ich mein Herrchen vor einer bösen Überraschung bewahrt, und das kam so:
Wir sind zum alten Baggersee gefahren. Ausflüge mit Herrchen und Frauchen sind toll. Man erlebt immer etwas Lustiges.
Herrchen packt Liegestühle und Fußball ins Auto, während Frauchen den Picknickkorb mit gebratenen Hähnchenkeulen, Tomaten, Brötchen, Hartwurst, Zitronenlimo und Selters füllt. Wir fahren los!
„Es ist so schön warm heute, daß wir bestimmt baden können, Elfi. Hast du auch Handtücher eingepackt?" fragt Herrchen. „Natürlich, und Sonnenschutzcreme auch", entgegnet Frauchen.
Bald sind wir am See. Es sind kaum Leute da, und so finden wir einen gemütlichen Platz am Ufer direkt neben dem alten Badesteg.

„Ich glaube, ich geh gleich ins Wasser", sagt Herrchen, nachdem er die Liegestühle aufgebaut und sich ausgezogen hat. „Ich komme später nach", ruft Frauchen. „Zuerst will ich mich ein bißchen sonnen." Sie legt sich genüßlich in den roten Liegestuhl.

„Los, Billy Backenzahn, wir gehen schwimmen!" Herrchen hat wohl keine Lust, alleine rumzuplanschen. Ich bin aber gar nicht so wild drauf, gleich ins Wasser zu gehen, obwohl ich ganz toll schwimmen kann. Ich würde lieber zuerst ein wenig herumschnüffeln.

Herrchen spritzt sich ein bißchen naß und läuft dann über den Badesteg, um mit einem Kopfsprung im Wasser zu verschwinden. Wie das platscht und spritzt! „He, Billy Backenzahn, bist du wasserscheu? Komm, sei kein Frosch, spring rein zu mir!" ruft Herrchen, nachdem er wieder aufgetaucht ist.

Ich laufe über den Badesteg, um mir mein

schwimmendes Herrchen näher anzusehen. Er probiert gerade Rückenkraulen, platsch und platsch und platsch, und merkt nicht, daß er sich immer mehr einer Schwanenmutter mit ihren Jungen nähert. Ganz unruhig wird diese und fängt an zu fauchen. Aber Herrchen hört nichts mit seinem Geplatsche und rudert immer weiter auf die Schwänin zu, die schon anfängt, mit den Flügeln zu schlagen, weil sie ihre Jungen schützen will.

„Herrchen, paß auf, gleich hackt sie dich mit ihrem Schnabel", denke ich aufgeregt und belle vor Schreck und Wut. Das hört Herrchen. „Was ist los, Billy?" ruft er und sieht plötzlich die Gefahr.

„Ach du dicker Maikäfer", höre ich Herrchen rufen und sehe, wie er schnell zum Badesteg zurückschwimmt.
Als er aus dem Wasser kommt und auf Frauchen zugeht, die von allem nichts bemerkt hat, höre

ich ihn fragen: „Wo hast du denn die Hartwurst hingesteckt? Ist sie noch im Picknickkorb?"
Ich weiß, daß ich jetzt eine Belohnung bekomme, weil ich so gut aufgepaßt habe. Darüber freue ich mich so sehr, daß ich schon wieder lachen muß.

8. Patienten

Heute habe ich einen aufregenden Tag gehabt. Herrchen aber auch.
Am Morgen sind Herrchen und Frauchen sehr früh aufgestanden. Herrchen hat vom Dachboden zwei Koffer geholt, den Staub davon abgewischt und sie Frauchen mit den Worten gegeben: „Elfi, pack bitte den dicken Pullover mit dem Streifenmuster für mich ein, man weiß nie, ob es in Dänemark nicht doch noch kalt ist."
Wir verreisen! denke ich ganz aufgeregt, weil ich gerne ans Meer fahre und am Strand die Möwen jage. Doch plötzlich höre ich einen Schrei: „Elfi, wir haben ja vergessen, Billy impfen zu lassen!" Herrchen nimmt Leine und Halsband und sagt: „So, Billy Backenzahn, jetzt gehen wir zum Tierarzt. Du mußt geimpft werden." Ach du dicker Gummiknochen, denke ich, und mir wird

ein bißchen übel bei dem Gedanken an den Tierarzt und die Spritze.

Im Wartezimmer sitzen dann auch noch andere Leidensgenossen: ein Papagei mit Durchfall, eine Schildkröte mit Entzündung, ein Kaninchen mit zu langen Krallen, ein Dackel mit eingerissenem Schlappohr und ein dicker, fetter Kater mit kaputter Pfote. Normalerweise hätte ich den ganz schön angeknurrt, aber an diesem Ort bin ich doch ziemlich kleinlaut.

Dann kommen wir dran. Ich bibbere und zittere. Herrchen sagt dauernd: „Sei doch kein Feigling, du Flasche!" und: „Billy Backenzahn, benimm dich wie ein großer, starker Wachhund!"
Das Impfen tut aber gar nicht weh, und bald sind wir wieder zu Hause. Ich bekomme einen Hundekuchen und Frauchen sagt zu Herrchen: „Also viel Spaß beim Zahnarzt, es wird schon nicht so schlimm werden. Du bist ja selbst schuld, wenn du immer bis zuletzt wartest und nicht regelmäßig deine Zähne kontrollieren läßt."
Nach zwei Stunden kommt er zurück: mit dicker Backe, und ohne ein Wort zu sagen, legt er sich auf das Sofa. Frauchen muß ihm einen Beutel mit Eis und einen Eimer zum Ausspucken bringen, denn der Zahnarzt hat ihm einen Backenzahn gezogen.
Er jammert den ganzen Nachmittag, bis es Frauchen zu dumm wird. „Nun reiß dich doch einmal zusammen und sei kein Feigling!" sagt sie zu ihm. „Kalle, benimm dich doch wie ein großer, starker Mann!" – So ähnliche Worte kannte ich

doch! Die hatte Herrchen beim Tierarzt zu mir gesagt.

Als ich ihn jetzt so auf dem Sofa liegen sehe, da muß ich doch schon wieder ein bißchen lachen. Jetzt fahren wir erst morgen nach Dänemark.

9. Besuch zum Abendessen

Heute war ich ganz schön brav, und das kam so:
Herrchen sagt mit bedeutungsvoller Miene zu mir: „Daß du mir ja brav bist, Billy Backenzahn, wenn die Semmelmanns nachher zum Abendessen kommen. Du weißt, das sind nette ältere Herrschaften, die leider ihren Pudel Rolli etwas zu sehr verhätscheln und verwöhnen."
Kurze Zeit danach klingelt es. Ehepaar Semmelmann und der fette Pudel Rolli stehen vor der Haustür. Herrchen und Frauchen begrüßen sie freundlich.
Ich bleibe auf meinem Platz unter der Treppe liegen, da ich Rolli doof finde. Er darf immer bei seinem Frauchen auf dem Schoß sitzen und außerdem trägt er ein rosarotes Schleifchen um den Hals. Sowas trägt doch kein richtiger Hund.

Beim Abendessen sitzt dann Rolli tatsächlich auf einem Stuhl neben Frau Semmelmann. Die ganze Zeit bekommt er Fleischstückchen vom Kalbsbraten in sein Mäulchen geschoben, während ich unter der Treppe auf meinem Platz liege und zuschauen muß.

Ich bin ganz schön sauer, als Herrchen zu mir sagt: „Billy Backenzahn, guck nicht so grimmig. Rolli ist ein kleiner Hund und gewohnt, von seinem Frauchen gefüttert zu werden."

Nach dem Abendessen setzen sich Herrchen und Frauchen mit den Semmelmanns ins Wohnzimmer und Rolli, der fette Pudel, hockt sich dazu auf die Couch, anstatt mit mir zu spielen.

Sein Frauchen sagt: „Mein Rolli soll nicht mit anderen Hunden verkehren, das ist nichts für ihn", und gibt ihm einen Kuß auf die Schnauze. Brrrr! Wenn ich sowas schon sehe!

Meinem Herrchen gefällt das auch nicht und mein Frauchen guckt ziemlich böse, als Frau Semmelmann dem verwöhnten Rolli eine von ihren selbstgebackenen Käsestangen gibt.

Ich hätte auch gerne eine Käsestange, aber Herrchen sieht mich streng an und sagt: „Billy Bakkenzahn, große Hunde betteln nicht", und schickt mich zurück auf meinen Platz.

Da reicht es mir, und ich komme den ganzen Abend nicht mehr unter der Treppe hervor.

Endlich höre ich, wie Semmelmanns sich verabschieden. Und was sehe ich da? Rolli mit einem zitronengelben Mäntelchen – dazu das rosa Schleifchen! Der sieht vielleicht albern aus! Als sie weg sind und Herrchen zu mir sagt: „Lieber ein Lachwachhund als ein Nudelpudel", und mir doch noch augenzwinkernd eine Käsestange gibt, bin ich wieder guter Laune und wir müssen beide lachen.

10. Die Fahrradtour

Heute war ich ganz schön sportlich, und das kam so:
Am Morgen hat Herrchen zu mir gesagt: „Billy Backenzahn, wir fahren zur Burgruine Knurpenstein und machen eine Wanderung. Danach vespern wir in der gemütlichen Burgschänke und fahren gegen drei Uhr nach Hause. Elfi kommt um fünf Uhr am Bahnhof an, du weißt doch, sie ist für ein paar Tage zu ihrer Schwester nach Freiburg gefahren, um ihr beim Umzug zu helfen."
Herrchen setzt seine blauweiß karierte Schirmmütze auf und los geht's.
Wir kommen an grünen Wiesen und gelben Weizenfeldern vorbei, durch einen dunklen Tannenwald und sehen plötzlich die Burgruine.
Es sind schon einige Autos da und viele Radfahrer. „Mensch, Billy Backenzahn, hier kann man

ja Fahrräder mieten. Da leih ich mir eins und du kannst mal beweisen, wie sportlich du bist."
Herrchen nimmt sich natürlich ein Fahrrad mit Gangschaltung, damit geht's leichter den Berg hoch.
Er fährt los, und ich muß neben dem Fahrrad herrennen. „Na, Billy, alter Junge, da pfeift ganz schön die Lunge", ärgert mich Herrchen, als ich beim zweiten Berg hecheln muß. Der sollte mal so schnell den Berg raufrennen wie ich!

Als es wieder abwärts geht, fährt Herrchen sogar freihändig und pfeift ein Lied. Plötzlich macht es pfffffffffft . . . Was ist das?
„So ein Mist, ich habe einen Plattfuß am Vorderrad!" jammert Herrchen, als er den Schaden bemerkt. „Jetzt muß ich das blöde Fahrrad den ganzen Weg zurück schieben! Und das bei dieser Hitze!"

Erst den Berg rauf, dann runter, dann wieder rauf. Wie da Herrchen schnauft und stöhnt.

„Jetzt pfeift aber deine Lunge!" denke ich, als ich ihn so prusten höre.

Endlich haben wir die Ruine Knurpenstein erreicht. „Das Vorderrad hat leider einen Plattfuß bekommen", berichtet Herrchen dem Mann vom Fahrradverleih. „Das kann mal vorkommen, ist nicht so schlimm", antwortet dieser. „Und Sie mußten den ganzen Weg zurück schieben, Sie Ärmster?"

Herrchen ist ein bißchen traurig, weil wir keine Zeit mehr zum Einkehren haben, denn bald kommt Frauchen am Bahnhof an und wir wollen doch rechtzeitig dort sein, um sie abzuholen.

Aber dann freut er sich auf Frauchen. „Die wird staunen, wenn wir ihr erzählen, wie dynamisch wir heute waren", sagt er und zwinkert mir zu, daß ich wieder ein bißchen lachen muß.

11. Die Kletterpflanze

Heute habe ich kräftig gebuddelt, und das kam so:
Herrchen kommt auf mich zu und sagt: „Billy Backenzahn, ich will mir ein paar neue Schuhe kaufen und Frauchen braucht dringend einen Regenmantel. Wir fahren in die Stadt, aber du kannst leider nicht mitkommen. Sei schön brav und bewache das Haus gut."
Dann fahren sie los.
Zuerst bin ich ganz schön traurig, weil ich nicht mitdarf, lege mich eine Weile ins Gras und döse vor mich hin.
Doch dann wird es mir zu langweilig und ich schnuppere im Garten herum. Zuerst an den hohen Bäumen mit der Hängematte, dann am alten Schuppen unter den Apfelbäumen. Nirgends entdecke ich etwas Aufregendes.

Doch als ich um das Haus trabe, sehe ich plötzlich vor Herrchens Arbeitszimmer eine Maus. Wie frech die mich angrinst! „Na warte!" denke ich und sause los.

Doch die Maus ist viel schneller und – wutsch – schon ist sie in einem Loch neben der Kletterpflanze verschwunden.
Das ärgert mich. Ich stecke meine Nase in das Mauseloch und rieche sie. Sicherlich sitzt sie jetzt in ihrem Bau und lacht sich ins Mausefäust-

chen. Bei dem Gedanken werde ich so wütend, daß ich anfange, ganz doll zu graben. Der Dreck fliegt und spritzt nur so weg.
Bald ist das Loch so tief, daß mein Kopf darin verschwindet.

Wenn nur die dummen Wurzeln der Kletterpflanze nicht so im Weg wären. Am besten, ich beiße sie durch. Knacks und kracks – die Wurzeln sind auch nicht härter als Kalbsknochen. Jetzt kann ich weitergraben, immer tiefer . . .

Als ich einen Moment aufhöre und verschnaufe, denke ich, mich laust der Affe. Sitzt doch keine zwei Meter neben mir die freche Maus auf einem Erdklumpen und schaut mir interessiert zu, als wenn sie sagen wollte: „Wonach buddelst du eigentlich so angestrengt, kannst du einen von dir vergrabenen Knochen nicht mehr finden?"

Gerade als ich mich auf sie stürzen will, höre ich hinter mir einen Schrei: „Billy Backenzahn, bist du von allen guten Geistern verlassen? Der tolle

Knöterich, unsere schöne Kletterpflanze! Alle Wurzeln hast du durchgebissen! Und dieses große Loch! Überhaupt, wie du aussiehst!" Herrchen ist ganz schön wütend.
„Reg dich nicht auf, Kalle", beruhigt ihn Frauchen. „Dieser Knöterich ist doch ohnehin viel zu groß geworden. Du beklagst dich immer, daß er dir so viel Licht im Atelier wegnimmt. Billy hat nichts Schlimmes getan, der Riesenbusch hätte sowieso weg gemußt!"

Herrchen überlegt und nickt: „Da hast du eigentlich recht, Elfi." Und als er meinen dreckverschmierten braunen Kopf richtig anschaut, muß er lachen und ist nicht mehr böse.
Darüber bin ich so froh, daß ich auch lache und mich nicht mehr über die freche Maus ärgere.

12. Die Schiffermütze

Heute haben wir einen tollen Ausflug gemacht. Herrchen hat seine knallgelbe Mütze aufgesetzt, die er so schön findet, und gesagt: „Billy Backenzahn, wir fahren an den Brummelsee und du darfst mit."

Ich habe mich riesig gefreut und bin gleich auf meinen Stammplatz im Auto gesprungen. Los geht's. Zuerst fahren wir durch einen großen Wald.

Als Herrchen nach zwanzig Minuten den Brummelsee-Parkplatz erreicht, sind leider schon zwei Omnibusse und siebzehn Autos da. Deshalb muß ich an der Leine gehen. Manche Kinder haben nämlich Angst vor großen schwarzen Hunden, die frei herumlaufen. Dabei bin ich doch nur ein Lachhund, der ein bißchen an den Bäumen schnüffeln möchte.

Wir kommen an der Bude mit den heißen Würstchen vorbei, die so herrlich duften, daß ich am liebsten nicht weitergehen möchte. Ein lustiger Mann mit einem roten Schnurrbart und einer blaukarierten Mütze steht in der Bude und dreht die leckeren Würste auf dem Rost um, damit sie nicht anbrennen. Dabei ruft er immer: „Heiße Würstchen, prima Bratwürste! Kauft, Leute, kauft!"

Viele Kinder, aber auch einige Erwachsene stehen an und wollen sich eine Wurst kaufen. Nur mein Herrchen nicht.

Der zieht mich an der Leine weg von der Bude und sagt: „Heute kaufen wir uns kein Würstchen."

Nach 100 Metern sind wir am Brummelsee-Ufer und gehen daran entlang bis zu einer kleinen Brücke.

Plötzlich bleibt Herrchen stehen und schaut aufmerksam ins Wasser, weil er dort Fische entdeckt hat, die unter der Brücke herumschwimmen.

Er beugt sich vor, um sie besser sehen zu können, noch weiter . . . und weiter . . . und pardautz! fällt seine knallgelbe Mütze ins Wasser.

„Meine schöne Mütze, meine schöne gelbe Schiffermütze!" jammert er und rennt ans Ufer, um sich einen Stock zu holen, mit dem er sie herausangeln kann.
Aber so sehr er sich auch anstrengt, die Mütze treibt immer weiter auf den See hinaus. Mit

meiner schwarzen Schnauze stupse ich Herrchen an.

Da versteht er: „Mensch, Billy Backenzahn, schnell, hol mir meine schöne Mütze wieder raus!"

Da ich ein guter Schwimmer bin, habe ich die Mütze rasch erreicht und bringe sie zurück.

Mein Herrchen ist glücklich! Sofort setzt er das klatschnasse Ding auf – und das sieht so komisch aus, daß wir beide lachen müssen.

Und zur Belohnung habe ich dann doch noch ein Würstchen bekommen.

13. Vier Forellen

Heute wurde ich zu Unrecht verdächtigt, und das kam so:

Herrchen kommt mit zwei großen Tüten vom Einkaufen zurück und ruft schon von weitem: „Elfi, beim Fischmann auf dem Markt gab's frische Forellen, da habe ich gleich vier mitgebracht. Heute abend kommen doch unsere Freunde, die Wecklers, und die essen gerne Fisch!"

Ich renne auf Herrchen zu und will an den Einkaufstüten schnuppern, um festzustellen, ob er mir auch etwas mitgebracht hat – einen Kalbsknochen, einen Wurstzipfel oder sonst etwas Leckeres. Doch ich rieche nur Fisch. Nee . . . das mag ich nicht! Das können Herrchen und Frauchen alleine essen!

„Pfui, Billy Backenzahn", schimpft Herrchen, „die Forellen sind nichts für dich." Das weiß ich selbst, ich bin doch keine Katze, die ganz wild auf Fisch und solches Zeug ist.

Herrchen legt die Forellen und zwei Flaschen Weißwein, die er ebenfalls mitgebracht hat, in den Kühlschrank.

Um sechs Uhr abends holt Herrchen die Fische wieder heraus, wäscht sie gründlich, trocknet sie ab, träufelt Zitronensaft darüber und würzt sie mit Salz.

Er öffnet das Küchenfenster und stellt die Porzellanplatte mit den vier Forellen auf den Sims. „Billy Backenzahn, daß du mir ja nicht an die Fische gehst, die wollen wir mit Wecklers zum Abendbrot essen!" Dann verschwindet er im Badezimmer.

Beleidigt ziehe ich mich auf meinen Platz unter der Treppe zurück. Weiß Herrchen denn nicht, daß ich Fisch überhaupt nicht mag?
Als ich gerade am Eindösen bin, höre ich Geräusche in der Küche.

Erst klingt es wie ein Schmatzen und dann wie ein Schnurren. Wie ein geölter Blitz sause ich los, und was sehe ich auf der Küchen-Fensterbank? Fridor Fauch, die freche Katze der alten Frau Mammel mit einer Forelle im Maul! Den Kopf hat sie schon gefressen.

Wütend belle ich sie an. Vor Schreck läßt sie den Fisch fallen, springt vom Fenstersims raus auf die Erde und rettet sich auf den nächsten Baum. Auf mein wütendes Gebell hin erscheint Herr-

chen. „Was machst du denn für einen Lärm, Billy? Laß doch die Katze in Ruhe, sie hat dir doch nichts getan!"
Da entdeckt er den Fisch ohne Kopf und schreit: „Mensch, Elfi, jetzt hat der verflixte Hund doch eine der Forellen angefressen, obwohl ich es ihm streng verboten hatte!"

Aber Frauchen belehrt ihn: „Kalle, Hunde mögen doch keinen Fisch. Das kann nur eine Katze gewesen sein. – Dann mußt du eben das

Kotelett essen, das wir noch im Kühlschrank haben, und Billy kriegt den Knochen zur Belohnung. Wenn er nicht so wachsam gewesen wäre, hätte die Katze wahrscheinlich die anderen drei Forellen auch noch angeknabbert."

Bei dem Gedanken, daß ein leckerer Knochen nach dem Abendessen für mich abfällt, muß ich schon wieder ein bißchen lachen.

14. Die Verwechslung

Heute habe ich etwas Komisches erlebt, und das kam so:

Frauchen kommt mit einem großen Paket nach Hause: „Kalle, du willst doch immer abnehmen. Schau mal, was ich dir mitgebracht habe."

Herrchen öffnet mißtrauisch das Paket. Ein knallgelber Trainingsanzug mir roten Streifen kommt zum Vorschein.

Als mein Herrchen den Anzug anprobiert, sieht er aus wie ein großer, fetter Kanarienvogel. „So, nun noch die Turnschuhe und hopp, hopp in den Wald mit euch beiden", drängt Frauchen.

Ich freue mich riesig, aber Herrchen zieht ein mißmutiges Gesicht und brummelt: „Ich habe aber gar keine Zeit und außerdem tut mir mein großer Zeh weh."

„Papperlapapp, beim Laufen wird das wieder

gut", erwidert Frauchen und schiebt uns durch die Haustür ins Freie.

Wir fahren los. Bald sind wir am Stadtrand. Nach dem hellblauen Haus mit dem grünen Zaun beginnt der Feldweg zum Wald.

Herrchen öffnet die Autotür und muffelt: „Joggen kannst du allein, Billy Backenzahn. Ich fahr ein paarmal hin und her und du rennst voraus!" So was Faules – dabei soll er doch abnehmen, nicht ich!

Ich sause los und Herrchen zuckelt im Auto hinterher, einmal zum Waldrand und wieder zurück. Beim zweiten Mal folgt uns plötzlich ein blauer Lieferwagen.

Ein Mann mit Glatze schaut raus, er hupt und ruft etwas, was Herrchen nicht verstehen kann. Deshalb hält er an, der Lieferwagen auch.

Der Mann mit Glatze springt aus seinem Wagen, rennt auf mich zu und ruft: „Da bist du ja, du Lump! Hab ich dir nicht schon zehnmal gesagt, daß du nicht ausreißen sollst? Sofort kommst du wieder mit nach Hause!"

Er packt mich am Halsband und will mich in seinen Lieferwagen zerren.

Mein Herrchen ist so überrascht, daß er ziemlich dumm aus seinem Autofenster guckt und erst mal kein Wort herausbringt.

Aber dann springt er ganz flink aus dem Auto und auf den Mann mit der Glatze zu: „Mann, was wollen Sie mit meinem Hund? Was fällt Ihnen ein, uns hier zu belästigen?"

Der Mann schaut verdutzt erst mal Herrchen

und dann mich an. „Oh, das ist ja gar nicht Basko", sagt er plötzlich erstaunt und läßt mein Halsband los.

Dann erzählt er, daß er in dem hellblauen Haus mit dem grünen Zaun wohnt und einen Riesenschnauzer für vier Wochen in Pflege hat, weil dessen Herrchen auf Reisen gehen mußte und seinen Hund nicht mitnehmen konnte. „Basko sieht genauso aus wie Ihr Billy", erklärt er Herrchen. „Er ist schon zweimal weggelaufen und jedesmal habe ich ihn lange suchen müssen."

Ich schaue zu dem hellblauen Haus zurück und sehe Basko wedelnd hinter dem grünen Zaun stehen. Vielleicht darf Basko morgen mit mir laufen, das wäre toll!

Und aus Vorfreude muß ich gleich ein bißchen lachen.

15. Bunter Hund

Heute ist zwar kein Fasching, aber ich sehe trotzdem ganz bunt aus, und das kam so:
Mein Herrchen ist heute morgen zu dem Schuppen unter den Apfelbäumen gegangen, hat ihn aufgeschlossen und ist darin verschwunden. Ich durfte nicht mit hinein, da ich angeblich immer Unordnung mache. Dabei schnüffle ich doch nur, ob sich wieder eine Maus versteckt hat.
Nach einer Weile öffnet sich die Tür und mein Herrchen kommt stöhnend und schwitzend heraus. Er schleppt einen alten Tisch auf die Wiese, dann holt er eine Holzkiste, gefüllt mit vielen Farben und zum Schluß ein kleines Schränkchen, das alt und abgestoßen aussieht, weil seine Farbe fast ganz abgegangen ist. „Billy Backenzahn", erklärt Herrchen, „heute streiche ich das Wandschränkchen neu, darüber wird sich Frau-

chen freuen."
Zuerst schrubbt und schmirgelt er das Schränkchen ab, dann streicht er es mit roter Farbe an, nur die Türen werden gelb angemalt, und zum Schluß nimmt Herrchen einen kleinen Pinsel und die weiße Farbe. „Billy, du darfst mich jetzt nicht anstupsen, denn ich male noch einige Blümchen auf die Schranktüren, du weißt, Gänseblümchen mag Frauchen am liebsten."

Als er fertig ist, erkennt man das Schränkchen

fast nicht wieder, es leuchtet richtig mit den Heckenrosen um die Wette. Nun holt Herrchen Terpentin, um die Pinsel auszuwaschen.
Doch was sehe ich da? Kommt doch wirklich so ein frecher Spatz angeflogen und setzt sich auf das frischgestrichene Schränkchen. Dabei fängt er auch noch laut und unverschämt an zu tschilpen! Das schöne Schränkchen!
Wie eine Rakete sause ich los, um den frechen Spatz zu verjagen.

Oh weia – die Holzkiste steht im Weg! Rumps – fallen die Farbdosen um und auf mich drauf: die rote auf den Kopf, die blaue auf den Rücken, die gelbe auf den Boden und ich stehe mit den Pfoten in der Farbe.

Herrchen und Frauchen kommen angerannt, weil sie sehen wollen, was das für ein Lärm war. Als sie mich sehen, lachen sie und lachen: „Unser Billy sieht aus wie ein Clown!" Ich finde es gar nicht lustig, wenn man über mich lacht, denn eigentlich bin doch ich der Lachhund, oder?

16. Fastentag

Heute war ein Tag mit tollen Überraschungen. Jeden Montag bekomme ich nichts zu fressen – ich muß fasten. „Billy Backenzahn", sagt Herrchen mit erhobenem Zeigefinger, „du darfst nicht so viel futtern, du wirst sonst zu dick. Ein Fastentag in der Woche bekommt dir gut." Dabei hätte Herrchen das Abnehmen viel nötiger, mit dem dicken Bauch!
Der bekommt immer einen ganz roten Kopf, wenn er sich bücken muß, um die Schnürsenkel an seinen Schuhen zuzubinden.
Der Montag gefällt mir gar nicht. Ich bekomme immer nur frisches Wasser an meinen Platz unter der Treppe gestellt, nicht einmal einen Hundekuchen, während Herrchen und Frauchen frühstücken mit Ei, Schinken und Käse.
Montagabend wird mein Napf auch nie gefüllt,

so daß ich immer ganz traurig auf das Leberwurstbrot schaue, das Herrchen gerade ißt.
Doch heute war es anders! Am Morgen sagt Frauchen: „Kalle, wir machen einen Obsttag. Nicht nur Billy Backenzahn soll fasten, sondern uns tut das auch mal gut!" Herrchen mault: „Was, den ganzen Tag nur Äpfel, Birnen und Bananen?"

Morgens serviert Frauchen einen Apfel, mittags zwei Birnen und eine Banane und abends eine

Weintraube. Herrchens Gesicht wird immer muffeliger.

Schon um neun Uhr abends geht er zu Bett, weil er dann, wie er sagt, nicht mehr ans Essen denken muß. Obwohl heute ein spannender Wildwestfilm im Fernsehen kommt.

Mitten in der Nacht höre ich Schritte ... ganz vorsichtig und leise die Treppe herunter ... – mein Herrchen! Sachte macht er die Küchentür auf, geht in die Küche und was sehe ich?

Er holt aus dem Kühlschrank eine gebratene Hähnchenkeule und eine Flasche Bier! Da muß ich so lachen, daß meine Zähne laut aufeinanderschlagen.

Herrchen erschrickt und gibt mir schnell einen Wurstzipfel, damit ich ruhig bin und Frauchen nicht aufwacht.

Danach schmiert er noch zwei Mettwurstbrote, eines für sich und eines für mich. Hmmm, wie das schmeckt! Heute war ein toller Fastentag – und ich wünsche mir, daß Herrchen jetzt öfter fasten muß. Bei dem Gedanken daran muß ich schon wieder lachen.

17. Im Wassergraben

Heute haben wir die Familie Erdmann besucht. Die Erdmanns sind gute Freunde von Herrchen und Frauchen und haben einen kleinen Hund, der „Trüffel" heißt. Trüffel hat ein rotes Halstuch um und ist unheimlich munter und hippelig.
Keine Minute kann er ruhig bleiben, immerzu rennt er da oder dort hin und will dauernd spazierengehen. Und wenn es dann endlich soweit ist, daß wir unsere Halsbänder umbekommen, kriegt Trüffel fast einen Herzschlag vor Aufregung.
„Heute gehen wir in die Marsch", sagt Nobbi Erdmann, „ich kenne da einen schönen Gasthof, da können wir einkehren."
Die Marsch ist flaches Weideland mit vielen Wassergräben. Wir ziehen also los! Zuerst kommen wir an der Dorfkirche mit dem Friedhof

und danach an dem Bauernhof mit den vielen Schafen vorbei. Die gucken immer neugierig und ein bißchen ängstlich nach uns. Dabei wollen Trüffel und ich doch nur spazierengehen und nicht Schafe jagen.

Wir müssen über eine kleine Brücke und sind dann auf dem freien Feld.
Nun befreit Herrchen mich endlich von der Leine und ich sause davon. Das macht Spaß, den Feldweg langzurennen, über die Wiese mit dem

dicken Baum, zur Hecke am kleinen See und hinüber zum Haselnußstrauch. Doch wohin ich auch renne, immer kläfft und jifft Trüffel hinter mir her. Er hat kürzere Beine und ist wütend, weil er nicht so schnell mitkommt, wenn ich losjage.

Immer, wenn ich stehenbleibe, um an einem Baum, einer Hecke oder einem Strauch zu schnüffeln, kommt er wütend angerannt und will mich in die Beine beißen.

Das lasse ich mir natürlich nicht gefallen und belle Trüffel ganz doll an.

„Billy Backenzahn, schäm dich! Das ist doch so ein kleiner Hund!" ruft Herrchen.

Doch nach fünf Minuten fängt Trüffel schon wieder an zu bellen und zu keifen. Da wird es mir zu bunt und mit einem weiten Satz springe ich über einen Wassergraben.

Und Trüffel? – Der will natürlich hinterher. Doch sein Sprung ist zu kurz und platsch! fällt er mitten hinein ins Wasser.

„Ach du dicker Regenwurm!" ruft Nobbi Erdmann, packt Trüffel am Nacken und zieht ihn aus dem Wassergraben.

Wie der aussieht! Ganz naß und verstört, gar nicht mehr so frech und hippelig!
Da muß ich aber trotzdem ein bißchen lachen.

18. Das Geburtstagsgeschenk

Heute hat sich Herrchen ganz schön erschrocken, und das kam so:
Am Morgen sagt er zu mir: „Billy Backenzahn, Frauchen hat morgen Geburtstag und sie wünscht sich schon so lange eine große Salatschüssel vom Töpfermeister Bäuerlein. Kommst du mit?" – Was für eine Frage! Natürlich gehe ich mit.
Herrchen sagt zu Frauchen: „Ich gehe mit Billy ein wenig spazieren." Eigentlich ist das ja geschwindelt, aber beim Geburtstagsgeschenk-Einkaufengehen darf man das vielleicht.
Wir fahren also los und sind bald an der Töpferei angelangt. In diesen Laden darf ich mit rein, weil Herrchen mit Meister Bäuerlein befreundet ist und ich dessen kleinen schwarzen Scotch-Terrier Mortimer sehr mag.

Im Töpferladen gibt es viele Regale mit Blumenvasen, Töpfen, Tellern, Tassen, Kaffee- und Teekannen, Bechern, Schalen und natürlich auch Schüsseln.

Da kommt auch schon Mortimer mit Herrn Bäuerlein aus der angrenzenden Werkstatt.

Während Herrchen mit Töpfermeister Bäuerlein über Salatschüsseln spricht, begrüßen wir Hunde uns stürmisch. Mortimer ist ein netter Kerl. Schade, daß wir uns so selten sehen.

„Billy Backenzahn, sei vorsichtig", mahnt Herrchen. „Schmeiß nichts aus dem Regal mit deiner dauernden Schwanzwedelei!" Dabei ist mein Stummelschwanz so kurz, daß gar nichts passieren kann. Herrchen sollte lieber auf sich selbst aufpassen – bei seinem dicken Bauch und dem engen Gang zwischen den Regalen!

Suchend und prüfend geht er durch den Laden und schaut sich große gelbe und kleine blaue Schüsseln an. Manche haben lustige Ornamente mit Blumen oder Kringeln, andere wiederum sind nur einfarbig. Herrchen weiß nicht, für wel-

che er sich entscheiden soll. Doch plötzlich ruft er:
„Oh, die gelbbraune Salatschüssel da unten ist aber besonders schön, die nehme ich, Herr Bäuerlein."
Herrchen bückt sich, um die Schüssel hochzunehmen, dabei stößt er mit dem Po an eine Blumenvase im Regal hinter ihm.
Die Vase wackelt, kippt aus dem Regal und zerbricht am Boden in viele Scherben.

Erschrocken dreht Herrchen sich um.
Als er die Bescherung sieht, guckt er ganz bedeppert. Meister Bäuerlein beruhigt ihn: „Das ist nicht so schlimm, sie sind doch bestimmt versichert."
„Natürlich", murmelt Herrchen immer noch verstört. Als er mich so anschaut und seine Schultern hochzieht, als wollte er sagen „tut mir leid, das habe ich nicht gewollt", da muß ich schon wieder ein bißchen lachen.
Ich bin sicher, daß Frauchen sich über die schöne Salatschüssel zu ihrem Geburtstag sehr freuen wird.

19. Nächtliche Störung

Heute war ich ganz schön mutig, und das kam so:
„Kalle, willst du nicht noch eine halbe Stunde mit Billy spazierengehen, während ich das Geschirr spüle?" fragt Frauchen nach dem Abendbrot.
Herrchen schiebt sich noch schnell eine Scheibe Salami in den Mund bevor der Tisch abgeräumt wird, und brummelt: „Heute abend habe ich keine Lust, gleich kommt ein Krimi im Fernsehen und ich möchte den Anfang nicht versäumen."
Er nimmt sein Glas und die angebrochene Flasche Bier und macht es sich vor dem Fernseher gemütlich. „Außerdem kann Billy zugucken, vielleicht lernt er dabei, wie man Einbrecher fängt, dieser Lachhund!"
Ich bin ganz schön sauer über diese Bemerkung

und lege mich deshalb auf meinen Platz unter der Treppe.
Nach zehn Minuten hat Frauchen die Küche aufgeräumt und setzt sich zu Herrchen vor den Fernsehapparat. Der blöde Krimi läuft schon eine ganze Weile, da plötzlich – peng! Was war das? Draußen auf der Terrasse poltert etwas. Herrchen steht auf, geht ganz vorsichtig zur

Terrassentür und schaut hinaus. Da rumpelt es schon wieder.

„Huch, was ist denn das?" flüstert Herrchen erschrocken.
„Billy Backenzahn, komm her, du bist hier der Wachhund! Geh raus und sieh mal nach, was da los ist!"
Jetzt bin ich auf einmal der Wachhund, nicht mehr der Lachhund!
Herrchen macht die Terrassentür so weit auf, daß ich gerade durchschlüpfen kann. Ist das dunkel!

Ich renne um die Ecke an die Regentonne. Nichts.
Dann zur Gießkanne und dem Gartenschlauch. Nichts.
Auch bei Herrchens Gummistiefeln ist nichts zu finden.

Aber was entdecke ich auf dem Stapel Kaminholz? Charly Klops, den fetten Kater unseres Nachbarn Krumeich. Charly versucht offensichtlich, eine Maus zu fangen, die sich im Holz

versteckt hat. Er schiebt mit den Pfoten die Scheite beiseite, um besser ranzukommen. Neugierig sehe ich zu.
Schon wieder poltert ein Holzstück herunter!
„Billy, was gibt's? Ist ein Einbrecher draußen?" ruft Herrchen durch die Tür. Ich lasse Charly in Ruhe, denn der hat bestimmt auch immer Hunger wie ich, und trotte zur Terrassentür zurück. Nun späht Herrchen vorsichtig durch den Türspalt und entdeckt Charly Klops.

Erleichtert ruft er Frauchen zu: „Es ist nichts Schlimmes, Elfi, nur eine Katze" und schließt die Tür.

Als ich wieder auf meinem Platz unter der Treppe liege, denke ich: „Der sollte nicht so viele Krimis mit Einbrechern im Fernsehen angucken." Und dabei muß ich schon wieder ein bißchen lachen.

20. Es hat geschneit

Heute habe ich mir ganz schön wehgetan, und das kam so:
Früh am Morgen kommt Frauchen die Treppe herunter und ruft:
„Mensch, Kalle, es hat geschneit! Schnell, zieh dich an und räum bitte vor der Haustür und dem Gartentor den Schnee weg, solange ich das Frühstück mache."
Herrchen bindet seinen dicken Schal um und setzt seine Wollmütze auf. „Billy Backenzahn", fragt er mich, „willst du mir nicht ein bißchen beim Schneeschippen Gesellschaft leisten? Aber bevor wir den Schneeschieber aus dem Schuppen holen, sollten wir Futter in das Vogelhäuschen streuen, damit die Piepmätze nicht hungern müssen."
Ist das toll, als wir über die Wiese zum Vogelhaus unter dem alten Apfelbaum laufen.

Ich muß mich erst einmal im Schnee wälzen, er ist so schön weich und riecht so frisch!

Herrchen streut Nüsse und Sonnenblumenkerne ins Vogelhäuschen, danach geht er zum alten Schuppen, um den Schneeschieber zu holen.
Im Schuppen gibt es tolle alte Sachen: eine Stehlampe, einen Stuhl mit drei Beinen, einen alten Tisch, den Gartenschlauch, mit dem mich Herrchen im Sommer immer abspritzt, und noch vieles mehr.

Herrchen trägt den Schneeschieber aus dem Schuppen und ruft mir zu: „Billy Backenzahn, wenn du drinbleiben willst, mach keinen Unsinn und wühl nicht überall herum. Ich fange schon mal an zu schippen." Jetzt kann ich in Ruhe alles auskundschaften und herumschnüffeln.

In einer Ecke ist Holz gestapelt für den Kamin, und daneben liegt ein Rest Stroh. Wie das riecht! Da muß irgendwas versteckt sein. Ich kratze an den Holzscheiten, um näher ranzukommen. Was ist das bloß, was da so duftet? Ich ziehe mit den Zähnen ein Stück Holz aus dem Stoß, da rumpelt es und der ganze Stapel fällt zusammen. Wau, da wird Herrchen aber schimpfen! Trotzdem habe ich immer noch nicht gefunden, was ich suche. Vielleicht im Stroh! Der Geruch wird immer doller und da . . . autsch! Meine Nase! Wie das wehtut! Sie ist ganz zerstochen und blutet. Da sehe ich den Übeltäter – einen Igel, der hier seinen Winterschlaf hält.

Herrchen kommt vom Schneeschippen zurück und ist wütend, als er den umgefallenen Holzstapel sieht. Aber dann bemerkt er meine blutverschmierte Nase und sein Ärger verfliegt.

„Das hast du nun von deinem naseweisen Herumschnüffeln, Billy Backenzahn! Laß doch den Igel hier seinen Winterschlaf halten. In dem Stroh ist es warm und trocken, da hat er sich schon ein gutes Plätzchen ausgesucht." Und er lacht mich an.

Weil mein Herrchen nicht böse ist und meine Nase schon nicht mehr weh tut, muß ich auch ein bißchen lachen.